Les The BOUQUETS *de* of CHENONCEAU

Les BOUQUETS *de*
The BOUQUETS of
CHENONCEAU

stichting kunstboek

Son charme presque discret est celui d'une demeure privée, et le hasard a voulu que ce fût surtout une demeure de femmes.

Marguerite Yourcenar (Sous bénéfice d'inventaire « Ah, mon beau château »)

*Le nom même de ce lieu évoque une musique,
sa vision enchante délicatement son hôte.
Beauté, ordre et architecture enfantent une harmonie
entre les jardins et les arches, élégante signature du château,
Ponte Vecchio en Val de Loire. Accord parfait entre l'humain
et la nature. Chenonceau n'a pas « de sang sur les murs ».
Monument de Paix, où les visiteurs venus du monde entier
trouvent écho à l'universalité de leurs émotions.
Son charme transcende sa beauté... Dans le reflet des eaux,
les « Dames de Chenonceau » ont enfoui leur secret et les lieux
sont depuis empreints de l'âme de celles qui l'ont bâti et habité :
Katherine Briçonnet, Diane de Poitiers, les reines
Catherine de Médicis et Louise de Lorraine, Louise Dupin
et Marguerite Pelouze.
Ce joyau ne se résume pas à « un rêve de pierre »...
Visiteurs délicats, bienveillants amis de la Beauté,
Chenonceau nous donne la plus essentielle des leçons :
une leçon de bonheur.*

Le conservateur

*Rosa
Lathyrus odoratus
Corylus
Jasminum
Ranunculus
Syringa vulgaris*

Princesse de

Its almost discreet charm is that of a private residence and fate has meant that it was mostly the home of women.

Marguerite Yourcenar (Benefit of inventory 'Ah, mon beau château')

The very name of this place evokes music;
its vision gracefully enchants spectators.
Beauty, order and architecture create coherence between the gardens and the arches, the elegant architectural signature elements of the castle, the Ponte Vecchio of the Loire Valley.
In Chenonceau there is perfect harmony between humankind and nature. Chenonceau does not have blood on its walls.
It is a monument of peace, where visitors from around the world find echoes of universal emotions.
Its charm transcends its beauty. In the reflection of the water, the Ladies of Chenonceau have buried their secrets and through the ages its spaces have been imprinted with the souls of those who built and inhabited the castle: Katherine Briçonnet, Diane of Poitiers, the queens Catherine de Medici and Louise of Lorraine, Louise Dupin and Marguerite Pelouze.
This treasured place is more than a 'dream of stone' …
Gentle visitors, benevolent friends of Beauty, Chenonceau teaches us the most essential lesson of all: a lesson in happiness.

The curator

p. 2
Papaver nudicaule

Salon Louis XIV
The Louis XIV Salon

Cotinus coggygria
Allium schubertii
Paeonia
Allium senescens
Hydrangea macrophylla
Astrantia major
Ammi visnaga 'Purpurea'

Le château abrite un Atelier Floral, unique en Europe, depuis plus de 25 ans. Deux fleuristes y officient chaque jour de l'année, avec à leur disposition un Potager des Fleurs de plus d'un hectare, pour imaginer, concevoir, et réaliser les merveilleux bouquets de Chenonceau avec une seule exigence : le raffinement. Ici, les visiteurs se sentent des « hôtes », dans une demeure habitée, qui n'attend plus que leur venue.

L'Atelier Floral
The floral workshop

For more than 25 years, the castle is home to a floral atelier, which is unique in Europe. Two florists work here every day of the year. At their disposal is a garden of more than one hectare where they can gather the flowers and greenery to imagine, design and realize the wonderful bouquets of Chenonceau, with only one requirement in mind: refinement. Thanks to their creations, visitors feel like 'guests' in an inhabited house that has been waiting for their arrival.

TOURAINE
CHATEAU DE CHENONCEAUX

Printemps
Spring

Papaver nudicaule

Chambre des cinq Reines
Chambre of the Five Queens

Euphorbia characias
Tulipa
Fritillaria pallidiflora
Asclepias 'Beatrix'
Fritillaria meleagris

Chambre des cinq Reines
Chambre of the Five Queens

Gloriosa rotschildiana
Rosa
Spiraea
Lathyrus odoratus
Lindera
Clematis
Skimmia

Salon François Ier
François I Salon

Helleborus orientalis

Chambre de Gabrielle d'Estrées
Chambre of Gabrielle d'Estrées

Ranunculus
Prunus
Fritillaria meleagris
Rosa
Lathyrus odoratus

La Librairie
Library

Viburnum opulus
Helleborus argutifolius
Salix
Hydrangea paniculata 'Grandiflora'

Le Cabinet Vert
Green Cabinet

Prunus
Jasminum officinale
Ranunculus
Syringa vulgaris
Rosa
Spiraea

Chambre de Gabrielle d'Estrées
Chambre of Gabrielle d'Estrées

Lathyrus odoratus
Viburnum opulus
Jasminum officinale
Hippeastrum
Prunus
Avena sativa

Salon Louis XIV
The Louis XIV Salon

Lathyrus odoratus
Spiraea
Jasminum officinale
Ranunculus
Hydrangea macrophylla

Vestibule de Katherine Briçonnet
Vestibule of Katherine Briçonnet

Viburnum opulus
Hydrangea macrophylla
Spiraea
Malus
Scabiosa caucasia
Fritillaria persica
Corylus

Le Vestibule
Ground-floor Vestibule

Jasminum officinale
Gloriosa rotschildiana
Spiraea
Viburnum opulus
Hydrangea macrophylla
Avena sativa

Chambre des cinq Reines
Chambre of the Five Queens

Hippeastrum
Magnolia campbellii
Tillandsia xerographica
Hedera helix

Le Cabinet Vert
Green Cabinet

Viburnum opulus
Hydrangea macrophylla
Matthiola
Ribes sanguineum

Vestibule de Katherine Briçonnet
Vestibule of Katherine Briçonnet

Viburnum opulus
Hydrangea macrophylla
Spiraea
Malus
Scabiosa caucasia
Fritillaria persica
Corylus

Chambre de Catherine de Médicis
Chambre of Catherine de' Medici

Corylus
Hydrangea macrophylla
Lathyrus odoratus
Hyacinthus
Spiraea
Magnolia campbellii
Betula

La Galerie
Gallery

Lathyrus odoratus
Clematis
Vanda coerulea
Fritillaria verticillata

Les Cuisines
Kitchens

Lathyrus odoratus
Clematis
Vanda coerulea
Fritillaria verticillata

Vestibule de Katherine Briçonnet
Vestibule of Katherine Briçonnet

Prunus
Ranunculus
Jasminum officinale
Phalaenopsis
Chaenomeles japonica

Chambre de César de Vendôme
Chambre of Caesar de Vendôme

Anemone coronaria
Ranunculus
Jasminum officinale
Panicum

Cabinet d'Estampes
Print Cabinet

Clematis
Lathyrus odoratus
Rosa
Fritillaria meleagris
Viburnum opulus
Eucalyptus

Chambre de Louise de Lorraine
Chamber of Louise de Lorraine

Phalaenopsis
Gloriosa rotschildiana
Hydrangea macrophylla
Jasminum officinale
Matthiola
Genista
Zantedeschia
Prunus

Cabinet d'Estampes
Print Cabinet

Tulipa
Corylus
Spiraea
Viburnum opulus
Papaver nudicaule

Cabinet d'Estampes
Print Cabinet

Tulipa
Corylus
Spiraea
Viburnum opulus
Papaver nudicaule

Le Vestibule
Ground-floor Vestibule

Viburnum opulus
Jasminum officinale
Allium schubertii
Fritillaria persica
Prunus persica
Hydrangea macrophylla
Syringa vulgaris
Rosa
Scabiosa caucasica

La Gloriette du Labyrinthe
Gazebo of the Labyrinth

Prunus
Chaenomeles japonica
Lathyrus odoratus
Rosa
Magnolia campbellii

Le Potager des Fleurs
Flower Garden

Clematis
Lathyrus odoratus
Corylus
Hedera helix
Anemone coronaria
Phlox
Hyacinthus

La Ferme du XVI ème siècle, L'Atelier Floral
XVIth century Farm, Flower Workshop

Rosa
Jasminum officinale
Clematis
Fritillaria persica
Phlox
Dianthus
Chamelaucium
Scabiosa caucasia

Été
Summer

Vestibule du second étage
Second-floor Vestibule

Cotinus coggygria
Hydrangea macrophylla
Paeonia
Rosa
Serruria florida
Daucus carota

Chambre de Catherine de Médicis
Chambre of Catherine de' Medici

Cotinus coggygria
Hydrangea macrophylla
Avena sativa
Eustoma

Cabinet d'Estampes
Print Cabinet

Paeonia
Hydrangea macrophylla
Cotinus coggygria
Ammi visnaga 'Purpurea'
Phlox
Eustoma

La Galerie Médicis
De Medici Gallery

Allium schubertii
Hydrangea macrophylla
Cotinus coggygria
Miscanthus sinensis

Chambre de Diane de Poitiers
Chambre of Diane de Poitiers

Cotinus coggygria
Hydrangea macrophylla
Agapanthus
Avena sativa
Ornithogalum arabicum
Allium senescens

Chambre de César de Vendôme
Chambre of Caesar de Vendôme

Avena sativa
Briza maxima
Miscanthus sinensis
Eragrostis spectabilis
Cotinus coggygria
Paeonia
Hydrangea macrophylla
Pennisetum

Cabinet d'Estampes
Print Cabinet

Paeonia
Hydrangea macrophylla
Cotinus coggygria
Ammi visnaga 'Purpurea'
Phlox
Eustoma

Chambre de Gabrielle d'Estrées
Chambre of Gabrielle d'Estrée

Paeonia
Briza maxima
Allium senescens
Scabiosa caucasia
Phaseolus vulgaris
Astrantia major

La Librairie
Library

Hydrangea macrophylla
Allium giganteum
Allium schubertii
Vanda coerulea

Vestibule de Katherine Briçonnet
Vestibule of Katherine Briçonnet

Allium giganteum
Allium schubertii
Allium sphaerocephalon
Hydrangea macrophylla
Delphinium
Panicum virgatum

Chambre des cinq Reines
Chambre of the Five Queens

Allium schubertii
Hydrangea macrophylla
Scabiosa caucasia
Prunus
Prunus padus
Rosa
Paeonia
Eucalyptus
Eustoma
Matthiola
Hypericum

Salon François Ier
François I Salon

Phalaenopsis
Cotinus coggygria
Rosa
Eustoma
Rumex

Salon Louis XIV
Louis XIV Salon

Cotinus coggygria
Allium schubertii
Paeonia
Allium senescens
Hydrangea macrophylla
Astrantia major
Ammi visnaga 'Purpurea'

RUBENS (PIERRE-PAUL)

Automne
Fall

L'Orangerie
Orangery

Phalaenopsis
Gloriosa rotschildiana
Hydrangea macrophylla
Hydrangea paniculata
Dahlia
Mimosa
Phytollaca americana
Viburnum macrocephalum
Vanda coerulea

Dîner d'exception donné à l'Orangerie, restaurant gastronomique de Chenonceau, pour l'inscription du château au Patrimoine Mondial de l'Humanité.

Exceptional dinner at the Orangery, the gourmet restaurant of Chenonceau, on the occasion of the inscription of the castle on the list of UNESCO World Heritage Sites.

L'Orangerie
Orangery

Phalaenopsis
Gloriosa rotschildiana
Hydrangea macrophylla
Hydrangea paniculata
Dahlia
Mimosa
Phytollaca americana
Viburnum macrocephalum
Vanda coerulea

La Galerie
Gallery

Rosa
Schinus molle

Le Vestibule
Ground-floor Vestibule

Paeonia
Hydrangea macrophylla
Cotinus coggygria
Ammi visnaga 'Purpurea'
Phlox
Eustoma

La Galerie
Gallery

Rosa
Solanum jasminoides
Eustoma
Senecio cineraria

La Galerie
Gallery

Dahlia
Brassica
Hydrangea paniculata
Amaranthus caudatus

Noël
Christmas

Salon Louis XIV
Louis XIV Salon

Abies nordmanniana

La Galerie Médicis
De Medici Gallery

Gloriosa rotschildiana

La Galerie
Gallery

Hedera helix
Abies nordmanniana

Chambre de Diane de Poitiers
Chambre of Diane de Poitiers

Nerine
Chasmantium latifolium

Chambre de César de Vendôme
Chambre of Caesar de Vendôme

Malus
Abies nordmanniana
Gloriosa rotschildiana
Vanda coerulea
Schinus molle

La Salle à Manger
Dining Room

Citrus
Tulipa
Protea nutans
Skimmia

Chambre des cinq Reines
Chambre of the Five Queens

Hydrangea macrophylla
Asparagus plumosus
Rosa
Hippeastrum
Ilex verticillata
Liquidambar orientalis

Vestibule de Katherine Briçonnet
Vestibule of Katherine Briçonnet

Cryptomeria
Platycerium alcicorne
Hydrangea macrophylla
Chasmantium latifolium
Helleborus viridis

Le Garde-Manger
Pantry

Citrus lemon

GARDE MANGER
THE LARDER

Chambre de César de Vendôme
Chambre of Caesar de Vendôme

Nerine
Cedrus atlantica
Glauca pendula
Hydrangea macrophylla
Chasmantium latifolium
Rosa
Juniperus communis
Amaranthus caudatus

La Chapelle
Chapel

Abies nordmanniana
Helleborus niger
Nerine
Hyacinthus

Chambre de Gabrielle d'Estrées
Chambre of Gabrielle d'Estrée

Nerine
Hydrangea macrophylla
Chasmantium latifolium
Schinus molle
Hippeastrum
Skimmia
Ranunculus

La Salle des Gardes
Guard Room

Rosa
Hippeastrum
Eucalyptus globulus
Celastrus scandens
Ilex verticillata

Vestibule du second étage
Second-floor Vestibule

Phalaenopsis
Asparagus plumosus
Hydrangea macrophylla
Nerine

La Chapelle
Chapel

Salix tortuosa
Asparagus plumosus
Phalaenopsis

IHESVS
MARIA

La Salle des Gardes
Guard Room

Phalaenopsis
Citrus
Malus
Asparagus plumosus
Hippeastrum
Skimmia

Le Vestibule
Ground-floor Vestibule

Celastrus scandens
Vanda coerulea
Hydrangea macrophylla

La Galerie
Gallery

Hydrangea macrophylla
Rosa
Hippeastrum
Nerine
Helleborus niger
Cyclamen persicum
Chasmantium latifolium
Asparagus plumosus

Le Garde-Manger
Pantry

Platycerium alcicorne
Hydrangea macrophylla
Euphorbia pulcherrima

Cabinet d'Estampes
Print Cabinet

Hyacinthus
Narcissus
Helleborus
Ranunculus
Chasmantium latifolium
Nerine

Le Garde-Manger
Pantry

Rosa
Hippeastrum
Eucalyptus globulus
Celastrus scandens
Ilex verticillata

La Salle à Manger
Dining Room

Citrus
Gloriosa rotschildiana
Asparagus plumosus
Helleborus niger

Vestibule de Katherine Briçonnet
Vestibule of Katherine Briçonnet

Gloriosa rotschildiana
Abies nordmanniana
Diplocyclos palmatus

Vestibule de Katherine Briçonnet
Vestibule of Katherine Briçonnet

Vanda coerulea
Nelumbo nucifera
Lunaria

Chambre des cinq Reines
Chambre of the Five Queens

Tillandsia xerographica
Chasmantium latifolium
Helleborus niger
Nerine
Paphiopedillum
Rosa
Ranunculus
Crassula
Hippeastrum
Cucumis anguria

La Chapelle
Chapel

Abies nordmanniana
Helleborus niger
Phalaenopsis
Chasmantium latifolium
Hydrangea macrophylla

La Galerie
Gallery

Abies nordmanniana

Le Vestibule
Ground-floor Vestibule

Phalaenopsis
Hippeastrum
Asparagus plumosus
Chaenomeles japonica
Chasmantium latifolium

Ferme du XVIème siècle
XVIth century Farm

Liquidambar orientalis,
Gloriosa rotschildiana
Corylus
Scabiosa
Eucalyptus

Les Bouquets de Chenonceau présents dans cet ouvrage sont les créations originales de Jean-François Boucher, Meilleur Ouvrier de France et scénographe floral du château et son équipe, Aurélie Fachin et Manon Eloi. Les images ont toutes été réalisées par Didier Ronflard, photographe, Meilleur Ouvrier de France. Il est lauréat du QEP - Qualified European Photographer.

Les bouquets
The bouquets

The bouquets of Chenonceau that are presented in this book have all been imagined and designed by Jean-François Boucher, Meilleur Ouvrier de France and floral scenographer of the castle, in close collaboration with his team members Aurélie Fachin and Manon Eloi.
The images were shot by photographer Didier Ronflard, Meilleur Ouvrier de France and laureate of the QEP – Qualified European Photographer.

Mise en page / Layout
www.groupvandamme.eu

Printed in the EU

Une édition de / Published by
Stichting Kunstboek bvba
info@stichtingkunstboek.com
www.stichtingkunstboek.com

ISBN 978-90-5856-617-1
D/2019/6407/7
NUR 421